o el número évreo

AUTORES:

Nombre: ………………………………………………………………….

Curso y materia: ……………………………………………………….

Y

Alberto Domingo Escobedo Ruiz

Arquitecto y profesor de matemáticas

Cuaderno realizado en …………………a …… de …………….de 20…

Ve, o el número áureo

ISBN: 9798860948143

Depósito legal: GR 1414-2023

Sí. Has leído bien. Pone éureo y no áureo.

¿Conoces el número áureo? El número áureo es:

$$\phi = 1,618....$$

La historia nos dice que las proporciones basadas en este número nos parecen bellas. Pero...

¿Y si no es este número? Y si es otro muy próximo a este, pero otro ¿Y si es?:

$$\sqrt{e} = 1,648...$$

Veremos que hay unas curiosas similitudes entre ambos números.

Juntos intentaremos demostrar si este número también es "generador de belleza"

Si es así, bien se podría llamar **número éureo**

Lápiz, este cuaderno y un ordenador, es lo único que necesitamos para indagar en este misterio.

Yo estoy impaciente, ¿empezamos?...

Aclaraciones al profesorado:

Este cuaderno pretende crear una situación de aprendizaje de matemáticas orientada a alumnos de bachillerato. La búsqueda de "una nueva proporción áurea" nos permite abordar, de forma simulada, una investigación. Será el alumno, con la ayuda del profesor y de esta pequeña guía, el que desarrolle el trabajo y saque sus propias conclusiones.

Para realizar esta investigación, se propone una nueva sucesión con grandes similitudes con la sucesión de Fibonacci. El último término de esta nueva sucesión es el número $\sqrt{e}$. Vemos que la sucesión propuesta y la de Fibonacci se relacionan geométricamente mediante el crecimiento gnomónico de un cuadrado. Finalmente, al buscar expresiones algebraicas para esta sucesión, descubrimos que se puede expresar mediante la función e^x.

Esta situación de aprendizaje se estructura de forma que haya aprovechamiento para todos los alumnos, sea cual sea su capacidad:

- Nivel básico, **capítulos 1, 2 y 3**. Las prácticas están enfocadas al uso del programa geogebra y de tablas de cálculo.
- Nivel medio, **capítulo 4 y 6**. Se estudia la gráfica de la sucesión propuesta y se busca la expresión matemática de dicha sucesión. Relacionamos la sumatoria de la sucesión con la integral de Riemann.
- Nivel elevado, **capítulos 5** Se llega a la integral de e^x, y se da una explicación geométrica de por qué, esta función, no varía al ser derivada.

Al finalizar el trabajo, el alumno debe saber cómo mínimo:

- La existencia y el uso básico de tablas de cálculo
- Qué es el método científico y cómo se aplica

ÍNDICE

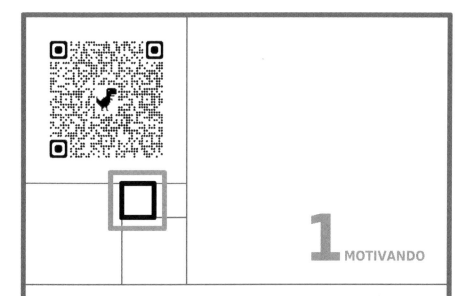

EL CRECIMIENTO GNOMÓNICO

Allí donde lo pequeño es a lo grande, como lo grande es al Todo,
reinan la Belleza, la Perfección y la Armonía

En este capítulo empezaremos hablando sobre la belleza y la proporción áurea. Finalmente, exponemos el concepto de expansión gnomónica y su relación con el rectángulo áureo

Para saber si √e es generador de belleza, tendremos que preguntarnos…

¿QUÉ ES LA BELLEZA?

La belleza es un tema fascinante que ha ocupado a filósofos, artistas y científicos desde la antigüedad.

Yo tengo mi propia opinión sobre la belleza, y tú seguro que tienes otra. Hagamos una búsqueda en internet y veamos otras ideas.

Yo he encontrado estas.

¿Qué te parecen? ¿Añadirías algo?

El equilibrio entre el todo
y cada una de sus partes

La concepción clásica de la belleza es la que la define según la relación entre el objeto y sus partes: ***las partes deben estar en la proporción correcta entre sí y así componer un todo armonioso e integrado***. Esta idea se remonta a Platón, quien consideraba que la belleza era una forma ideal que se reflejaba en los objetos sensibles, y fue desarrollada por Plotino, quien afirmaba que la belleza era una manifestación de lo divino.

La manifestación de lo divino
a través de la materia

Según Plotino, la belleza no está en los cuerpos, sino que es algo que se posa en ellos, siendo un objeto bello aquel que de alguna forma ha logrado manifestar su Arquetipo Divino.

¿La belleza está ahí?
o es una percepción personal

Quizás deberíamos diferenciar entre la sensación de belleza y el objeto bello. (Subjetividad vs Objetividad)

La sensación de belleza es subjetiva, depende de factores culturales, históricos, psicológicos y personales, está en los ojos del que mira. A veces una cosa nos puede parecer bella porque simplemente está de moda.

También podemos entender la belleza como una cualidad de los objetos (o de los entes) ¿Crees que la naturaleza es bella? Si tu respuesta es que sí, podemos pensar que una forma de crear objetos bellos es copiando a la naturaleza. Al observar el mundo vemos que hay proporciones que se repiten. Por ejemplo, la proporción áurea en las conchas o en las flores.

La belleza es
el esplendor de lo verdadero

También hay quien relaciona la belleza con la verdad. Si te fijas, la sensación de belleza es subjetiva y la verdad es objetiva. Ambas se conectan en la experiencia humana al percibir lo bello.

El concepto de holón.
De nuevo el todo y las partes

El siglo pasado apareció un concepto nuevo, el holón. Un holón es algo que es a la vez un todo y una parte, es decir, forma parte de un sistema mayor y contiene a su vez subsistemas menores. El todo es más que la suma de sus partes. Los holones se influyen mutuamente en un flujo bidireccional de información, y conforman una jerarquía que se denomina holoarquía.

Un ejemplo de holón es una célula, que es un todo compuesto por orgánulos, y que a su vez forma parte de un tejido, un órgano, un organismo, etc. Cada holón es soporte de nuevos holones. Aparecen unidades funcionales nuevas. Nuevas totalidades que a su vez serán partes de los siguientes todos. Son nuevas emergencias creativas.

¿Ves algún parecido entre el concepto de holón y el concepto de belleza clásico?

La emergencia creativa del universo

Todo acto creativo forma parte de la evolución del universo. Nosotros, los humanos, somos seres creativos, creamos nuevas obras, cada cual más original, pero sólo unas pocas perduran en el tiempo. Aquellas obras que crean escuela, las definimos como clásicas. En otras palabras, el arte clásico es aquel digno de ser copiado por las nuevas generaciones.

El universo, en su evolución, tiende hacia lo más complejo. Trascendiendo e integrando en cada paso. Si un acto creativo no tiene éxito, muere. Somos parte del universo y nuestros actos creativos siguen las mismas leyes. Vamos a hombros de gigantes...

¿Qué te parece estas reflexiones? ¿Estás de acuerdo con ellas? ¿Qué es para ti la belleza? Me encantaría saber tu opinión.

Práctica 1:

Busca en google una imagen que te parezca bella y otra que te parezca fea.

En clase debatimos sobre el concepto de belleza y el por qué las cosas nos parecen bellas o no.

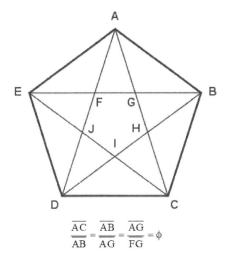

$$\frac{\overline{AC}}{\overline{AB}} = \frac{\overline{AB}}{\overline{AG}} = \frac{\overline{AG}}{\overline{FG}} = \phi$$

EL NÚMERO ÁUREO

La proporción áurea es una proporción entre dos números que equivale a 1,618...

Es un número irracional, o sea que no lo puedes obtener como cociente exacto de dos números enteros. Su valor es:

$$\varphi = \frac{1 + \sqrt{5}}{2} \approx 1.618\ 033\ 988\ 749\ 894\ldots$$

Se suele representar con la letra griega Fi «φ». Es un elemento matemático cuya presencia en obras artísticas, arquitectónicas e incluso en objetos de la naturaleza, supuestamente explica su belleza.

El ser humano, desde la antigüedad, ha encontrado esta proporción en muy distintos objetos de la naturaleza, desde las hojas de los árboles hasta los caparazones de las tortugas. También se observa en diversas obras artísticas y arquitectónicas.

CÁLCULO DEL VALOR DEL NÚMERO ÁUREO

Euclides lo expresaba así: «Una recta está dividida en extrema y media razón cuando la recta es al segmento mayor lo que éste es al menor» (Los Elementos, libro II. Euclides (177 a.c.))

Es decir, si nombramos el segmento como ves en la imagen, la proporción se obtiene con la ecuación (a+b)/a = a/b.

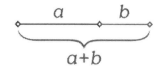

Práctica 2:

Intenta obtener tu sólo el número fi:

Ahora vamos a obtener la proporción áurea de forma geométrica. Hay muchas formas de obtenerla, te describo una y vas a intentar deducir otra tu solo.

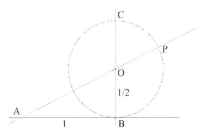

Los segmentos AB y BC son perpendiculares e iguales a la unidad. Con centro en O trazamos la circunferencia de radio 1/2. Finalmente, uniendo A con O y prolongando obtenemos P. La longitud AP es el número áureo respecto a AB. (Del libro los elementos de Euclides)

Práctica 3:

A partir de un cuadrado de lado 2, intenta obtener un rectángulo con proporción áurea, (pista: encuentra la hipotenusa de valor √5)

LA SPIRA MIRABILIS
EL CRECIMIENTO GNOMÓNICO EN LA NATURALEZA

La teoría de la expansión gnomónica tiene su base en la frase de Aristóteles: «Hay ciertas cosas que no sufren alteración salvo en magnitud, cuando crecen...»

Es decir, aumentan de TAMAÑO, pero conservan la FORMA.

En la naturaleza hay muchos ejemplos de expansión gnomónica, por ejemplo, las telas de araña y las conchas de molusco.

Herón de Alejandría definió un gnomon "como cualquier figura que, añadida a una figura original (que llamaremos germen), produce una figura semejante a la original".

10

Aquí tienes los gnómones correspondientes a tres figuras: el cuadrado, el triángulo y el pentágono.

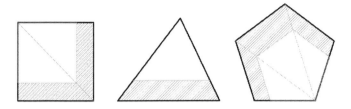

LA ESPIRAL DE FIBONACCI Y LA ESPIRAL ÁUREA

Dibuja un cuadrado de lado unidad. Duplícalo. Adósalo al borde inferior. Vuelve a duplicarlo y adósalo al borde derecho, aumentando su tamaño de forma que esté perfectamente yuxtapuesto. Vuelve a duplicarlo y a yuxtaponerlo al borde superior. Si continúas el proceso unas cuantas veces, y dibujas el arco de circunferencia en cada cuadrado, obtendrás una figura como esta:

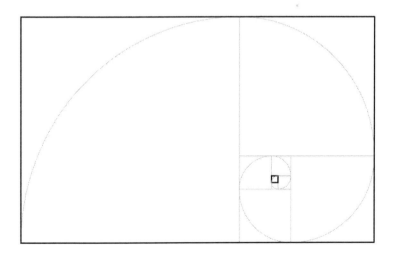

Esta figura se conoce como espiral de Fibonacci, y los lados de los cuadrados que la forman, siguen su famosa sucesión (1, 1, 2, 3, 5...). Si repetimos el proceso infinitas veces... ¡obtenemos un rectángulo con la proporción áurea!

También podemos realizamos el proceso a la inversa, al rectángulo áureo le introducimos cuadrados siguiendo este recorrido espiral. En este caso obtenemos una figura muy parecida, pero no igual. Obtenemos la espiral áurea:

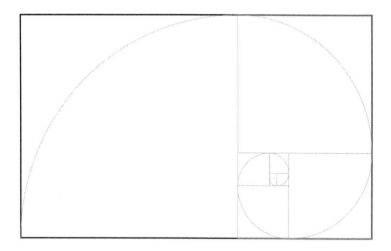

Por lo tanto, podemos decir que, la espiral de Fibonacci de pasos infinitos, es igual a la espiral áurea. Y en esta situación se cumple que es una figura de **expansión gnomónica**, donde el **germen** es el rectángulo áureo y el **gnomon** es un cuadrado. Se modifica el tamaño, pero mantiene la forma.

Todo esto lo entenderemos mejor si lo dibujamos nosotros:

Práctica 4. El rectángulo áureo:

- Dibuja un cuadrado de lado unidad, duplícalo y adósalo al borde inferior.
- Vuelve a duplicarlo y aumenta el tamaño del cuadrado de forma que se adose completamente al lado derecho.
- Ahora repite el proceso adosándolo al borde superior. Vas girando en el mismo sentido. Continúa todo lo que puedas.
- Calcula la proporción del rectángulo que obtienes

Práctica 5:

Explica gráficamente por qué el gnomon de un rectángulo áureo es un cuadrado. El alumno que primero consiga dibujarlo que salga a la pizarra y se lo explique a los demás. Una forma de solucionarlo es:

- Dibujar un rectángulo áureo
- Dentro del rectángulo dibuja un cuadrado adosado a un lado. Observa el rectángulo que queda dentro. Define la longitud de sus lados mediante letras.
- Comprueba lo proporción de este rectángulo de forma algebraica ($(a+b)/a = a/b$).

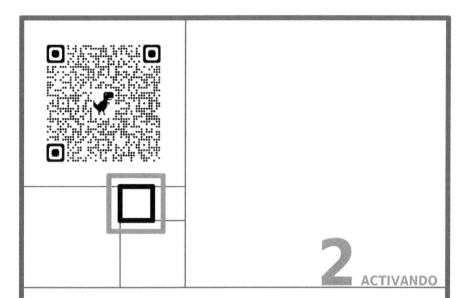

LA PROPORCIÓN ÁUREA

El crecimiento gnomónico en espiral de un rectángulo áureo

En este capítulo dibujaremos la espiral de Fibonacci partiendo del crecimiento en espiral de un cuadrado. Vemos como aparecen en la espiral los primeros términos de la sucesión de Fibonacci. Finalmente, el alumno obtendrá estos valores utilizando una hoja de cálculo.

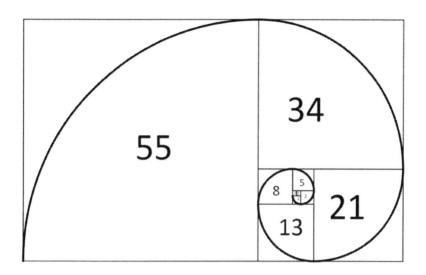

LA ESPIRAL DE FIBONACCI

Vimos en el capítulo anterior la relación que existe entre la **espiral de Fibonacci** y la **espiral áurea** o de Durero. Y concluimos que la espiral de Fibonacci se aproxima a la espiral áurea cuando aumentamos el número de pasos.

Recuerda cómo se dibujaba la espiral de Fibonacci:

Partíamos de un cuadrado de lado unidad. Lo duplicamos y adosamos a los bordes, de forma que se rellene toda la superficie. Lo puedes hacer en sentido horario o antihorario. Fíjate en la dimensión de los lados del rectángulo que vamos obteniendo. Finalmente, dibuja arcos circulares conectando las esquinas opuestas de los cuadrados.

Para dibujar directamente la espiral áurea, simplemente hacíamos el proceso a la inversa. Es decir, a partir del rectángulo áureo vamos insertando cuadrados en su interior.

Dibujémoslo ahora con el ordenador:

Práctica 6:

Repite los pasos de la **práctica 4** usando la aplicación GeoGebra:

- Llega, como mínimo, hasta el paso número 10, es decir añade el cuadrado 10 veces.
- Mide la proporción entre los lados del rectángulo y comprueba los números de decimales que coinciden con el número áureo.

Crea un documento de Google donde indiques la aproximación al número áureo al que hayas llegado. Inserta las capturas de pantallas que consideres necesarias.

LA SUCESIÓN DE FIBONACCI

Leonardo de Pisa, también conocido como **Fibonacci**, fue un matemático italiano del siglo XIII (nació en 1170 y murió en 1240). En su niñez viajó frecuentemente al norte de África con su padre, quien dirigía un puesto de comercio en Bugía (hoy Argelia). Allí aprendió el sistema de numeración árabe. En 1202, publicó lo que había aprendido en el **Liber abaci** (en español El libro del cálculo). Este libro, que fue muy bien recibido por el público culto de la época, mostró la importancia del nuevo sistema de numeración. En sus páginas describe el cero, la notación posicional, la descomposición en factores primos, los criterios de divisibilidad...

Sin embargo, Fibonacci es conocido fundamentalmente por haber introducido la secuencia numérica que lleva su nombre, la **sucesión de Fibonacci**.

19

La sucesión comienza con los números 1 y 1. A partir de estos, cada término es la suma de los dos anteriores (1+1=2; 1+2=3; 2+3=5; 3+5=8...):

1,   1,   2,   3,   5,   8,   13,   21,   34...

Esta sucesión es infinita, y si dividimos dos números consecutivos obtenemos una aproximación al número áureo. Como ya imaginarás, cuanto más avanzado estés en la sucesión, el cociente será más aproximado al número áureo (ϕ = 1.618034...).

Intenta obtener los 10 primeros términos de la sucesión de Fibonacci. ¿Y si utilizas una hoja de cálculo?

Práctica 7:

Realiza la sucesión de Fibonacci con una tabla de cálculo. Puedes usar la aplicación Hojas de cálculo de Google. Sigue estos pasos:

- Abre una Hoja de cálculo de Google. Si no la has usado nunca, busca primero un videotutorial en internet.
- Calcula los 100 primeros números de la sucesión de Fibonacci.
- Haz el cociente entre el número del paso 100 y 99 de la sucesión de Fibonacci que has calculado.

Crea un documento de Google donde indiques la aproximación al número áureo al que hayas llegado. Compara la proporción entre los lados del rectángulo de la práctica anterior con los obtenidos en la tabla. Inserta en el documento las capturas de pantallas que consideres necesarias.

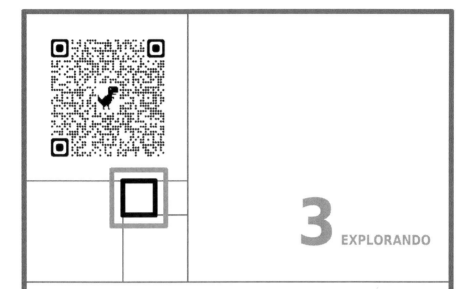

LA PROPORCIÓN √e

El crecimiento gnomónico en espiral de un cuadrado

Vamos a ver un crecimiento gnomónico similar al visto anteriormente. Partiendo de un cuadrado de superficie unidad se llega a otro de superficie el número e. El alumno obtendrá este valor mediante una hoja de cálculo y comprobará la similitud entre la sucesión de Fibonacci y esta nueva sucesión.

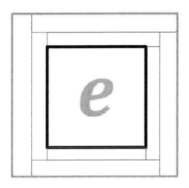

CRECIMIENTO GNOMÓNICO EN ESPIRAL DE UN CUADRADO

En el capítulo anterior dibujamos la espiral de Fibonacci yuxtaponiendo cuadrados en un crecimiento en espiral.

Observamos que:

- Es un proceso de crecimiento infinito, siempre nos aproximamos, pero nunca llegamos al rectángulo áureo.
- Los lados de los rectángulos que se van creando tienen las dimensiones de la sucesión de Fibonacci. Por eso, a la espiral creada a partir de estos cuadrados le llamamos espiral de Fibonacci.
- Al llegar al infinito, el crecimiento es gnomónico. Ya que aumenta la dimensión, pero no cambia la forma. Recuerda lo que vimos sobre el germen y gnomon. En este caso el germen es un rectángulo áureo y el gnomon es un cuadrado.

LIMITANDO EL CRECIMIENTO DE LA
ESPIRAL DE FIBONACCI

Ahora, igual que antes, partimos de un cuadrado de lado unidad. Primero, el cuadrado lo duplicamos y lo dividimos en N rectángulos. Después, estos rectángulos los repartimos por el perímetro con un crecimiento similar al de la espiral de Fibonacci.

Dibujemos el proceso paso a paso, para **N=2**:

1. Partimos de un cuadrado de lado unidad
2. Lo duplicamos
3. Dividimos el cuadrado en 2 partes (N=2)
4. Yuxtaponemos cada parte en el perímetro del cuadrado
5. Aumentamos el tamaño de cada rectángulo, manteniendo la proporción, de forma que se adose completamente al cuadrado inicial. De manera similar al proceso que realizamos en la práctica 6
6. Obtenemos un rectángulo de área **2.625**.

Paso 1

Paso 2

Paso 3

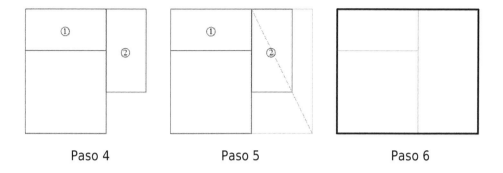

| Paso 4 | Paso 5 | Paso 6 |

Ahora, repitamos el proceso para **N=4**:

1. Partimos de un cuadrado de lado unidad y lo duplicamos
2. Dividimos el cuadrado en 4 partes (N=4)
3. Yuxtaponemos cada parte en el perímetro del cuadrado. Aumentamos el tamaño de cada rectángulo manteniendo la proporción.
4. Obtenemos un rectángulo de área **2.693908691**

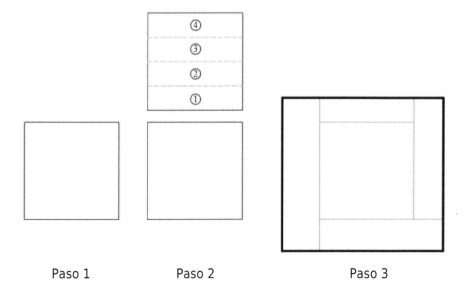

| Paso 1 | Paso 2 | Paso 3 |

Y para **N=8** se obtiene la siguiente figura:

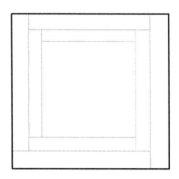

Este rectángulo tiene un área de **2.712118948.**

¿Qué crees que va a suceder, si N es infinitamente grande? Que el área converge al número **2.7182818...**

¿Reconoces este número?

¡es el número **e**!

Y la figura pasa a ser un cuadrado, ya no es un rectángulo. En un proceso infinito podemos decir que el crecimiento es gnomónico, aumenta el tamaño y se mantiene la forma.

CURIOSAS SIMILITUDES

Veamos las similitudes que existen entre el crecimiento gnomónico del rectángulo áureo y el crecimiento gnomónico del cuadrado que acabamos de realizar:

- **Para obtener el rectángulo áureo**
  1. Partimos de un cuadrado de lado unidad
  2. En el inicio el germen es un cuadrado y el gnomon es un cuadrado. No hay crecimiento gnomónico.
  3. Cuando el crecimiento es infinito, el germen mantiene la forma de un rectángulo áureo. El germen es un rectángulo áureo y el gnomon es un cuadrado. Hay crecimiento gnomónico
  4. Los cuadrados que yuxtaponemos tienen un lado de dimensión, la sucesión de Fibonacci

- **Para obtener el cuadrado de área e**
  1. Partimos de un cuadrado de lado unidad
  2. En el inicio el germen es un cuadrado y el gnomon es un rectángulo (obtenido de dividir el germen en N veces). No hay crecimiento gnomónico
  3. Cuando N es infinito el germen mantiene la forma cuadrada. El germen es un cuadrado y el gnomon es un rectángulo infinitesimal. Hay crecimiento gnomónico
  4. Los rectángulos que yuxtaponemos tienen un lado de dimensión, la sucesión de $\sqrt{e}$. Esta nueva sucesión la veremos a continuación.

Práctica 8:

Dibuja en tu libreta el crecimiento de un cuadrado, con N=4

- Partimos de un cuadrado de lado unidad (usa la cuadrícula)
- Lo duplicamos
- Dividimos el cuadrado en 4 partes (N=4)
- Yuxtaponemos cada parte en el perímetro del cuadrado
- Aumentamos el tamaño de cada rectángulo, manteniendo la proporción
- Calcula el área del rectángulo obtenido

Práctica 9:

Repite el proceso anterior usando la aplicación **Geogebra**.
Si quieres puedes usar un N distinto.

Crea un documento de Google donde indiques el número N en el que has dividido el cuadrado inicial y la aproximación al número e al que hayas llegado. Inserta las capturas de pantallas que consideres necesarias.

SUCESIÓN DEL NÚMERO $\sqrt{e}$

Vamos a hacer una sucesión parecida a la de **Fibonacci**, pero con un número finito de pasos.

Como antes, también empezaremos con los números 1 y 1, siendo cada término la suma de los dos anteriores. Sin embargo, ahora, en la suma, el término anterior se va a dividir por el número de pasos, **N**.

Veamos un ejemplo para el número de pasos **N=4**:

Los dos primeros términos son:

$$f_0 = 1, \qquad f_1 = 1,$$

El siguiente término es: $f_2 = f_0 + f_1/N$

$$f_0 = 1, \qquad f_1 = 1, \qquad f_2 = 1+1/4,$$

Y así sucesivamente:

$$f_0 = 1, \qquad f_1 = 1, \qquad f_2 = 1+1/4,$$

$$f_3 = 1+(1/4+1/4^2), \qquad f_4 = (1+1/4) + (1/4+1/4^2+1/4^3)$$

Calculemos estos valores y pongámoslo en una tabla:

n	$n=0$	$n=1$	$n=2$	$n=3$	$N=4$
f_n	1	1	1.25	1.3125	1.578125

Observa que, esta sucesión coincide con la base de los rectángulos de la práctica 8, es decir $a_n = f_n$.

Aunque no lo creas, el último término de la sucesión, es:

$$f_N \approx \sqrt{e}$$

Pero... como verás, no es exacto, es una aproximación.

Parecido a lo que sucedía cuando obteníamos el número áureo mediante la sucesión de Fibonacci, el valor se acerca más a e si aumentamos N, es decir:

$$f_\infty = \sqrt{e}$$

¿Podremos escribir este término con una expresión algebraica? Lo veremos en el siguiente capítulo...

Práctica 10:

El objetivo es implementar la sucesión que acabamos de ver en una Hoja de cálculo. Sigue los siguientes pasos:

- Abre una hoja de cálculo, clica en guardar como y guardas la hoja en tu DRIVE.
- Usando la hoja de cálculo, haz la sucesión anterior con $N=4$. Recuerda cómo lo hiciste en la **práctica** 7.
- Repite el proceso con más pasos.
- Comprueba que conforme más aumentes los pasos, más se acerca f_N a $\sqrt{e}$

Crea un documento de Google donde indiques el número de pasos y la aproximación al número $\sqrt{e}$. Inserta las capturas de pantallas que consideres necesarias.

Práctica 11:

Ya veo que manejas bastante bien la hoja de cálculo. El próximo desafío es calcular el área del cuadrado de crecimiento gnomónico que hiciste en la sesión anterior. Sigue los siguientes pasos:

- Abre una hoja de cálculo, clica en guardar como y guardas la hoja en tu DRIVE.
- Calcula el área del cuadrado de crecimiento gnómico si dividimos el cuadrado inicial (germen) en 4 partes.
- Repite el proceso con más pasos.
- Comprueba que conforme más aumentes los pasos, más se acerca el área calculada al número **e**. Haz una búsqueda en internet para encontrar el valor del número **e** con muchos decimales.

Crea un documento de Google donde indiques:

- La comparación del área del cuadrado de la práctica anterior (GeoGebra) con la obtenida con la hoja de cálculo.
- El número de pasos y la aproximación al número e al que hayas llegado. Inserta las capturas de pantallas que consideres necesarias.

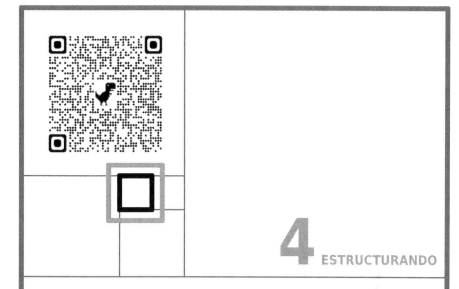

EN EL LENGUAJE DEL UNIVERSO

El Universo está escrito en el lenguaje de las matemáticas y sus caracteres son triángulos, círculos y otras figuras geométricas, sin las cuales es humanamente imposible entender una sola de sus palabras. Sin ese lenguaje, navegamos en un oscuro laberinto.

Galileo Galilei

En este capítulo, vamos a transformar en expresiones matemáticas la sucesión que acabamos de ver. Esto nos permitirá repasar los conceptos de **sumatorio**, **límite** de una función y de **integral**. Se obtiene que el crecimiento gnomónico en espiral de un cuadrado se puede expresar mediante la función e^x

LA SUMATORIA Y EL LÍMITE

Ahora tienes que repasar los conceptos de **sumatoria** y de **límite** de una función. Te recomiendo que sigas estos pasos:

1. Busca en tus apuntes o en tus libros de texto. Recuerda que no tienes que entenderlo todo a la primera.
2. En YouTube hay muchos vídeos introductorios con ejemplos. Ve pasando o pausando el vídeo según necesites.
3. Siempre está bien echar un vistazo a la Wikipedia, aunque es más información de la que te hace falta.
4. Si te quedan dudas, pregunta a tu profesor o a tus compañeros. Se aprende mucho creando debates en clase.

Práctica 12:

Investiga el concepto de SUMATORIO y el de LÍMITE de una función. Si tienes alguna duda, pregúntale a tu profesor.

Ahora vamos a escribir una expresión algebraica que nos indique el área del cuadrado de expansión gnomónica que hemos visto. Esta expresión dependerá del número de pasos que utilicemos.

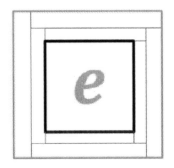

Práctica 13:

Vamos a repetir la **práctica** 9 pero con **N=8**. Ahora tienes que poner especial atención a nombrar con letras cada celda. Esto es fundamental para poder escribir una expresión algebraica en función de esas letras:

- Nombramos el número total de pasos que vamos a hacer con la letra **N**. Si **N=8** estamos en la tabla que calcula el área cuando damos sólo **8** pasos.
- Nombramos cada paso con la letra **n**. Si **n=3** y **N=8**, estamos en el paso **3** de los **8** que necesitamos para calcular el área.
- Tienes que nombrar las casillas de la tabla en función del paso. Por ejemplo, 'a_n' es la casilla de la base del rectángulo en el paso **n**. Es decir, en el paso **3**, la casilla se nombra a_3. Puedes nombrar las otras casillas, por ejemplo 'b_n' a la altura del rectángulo.
- El área de un rectángulo es la base por la altura. Por ejemplo, si n=3 y N=8, el $ÁREA_3 = a_3 \times b_3 = a_3 \times (a_3/N)$

Empezamos el juego:

- En la tabla de cálculo que has desarrollado. Para $N=8$ y $n=3$, ¿Qué valor tiene a_3?
- Y para $N=8$ y $n=4$, ¿Qué valor tiene b_n?
- Y para $N=8$, ¿Qué valor tiene el área del segundo rectángulo?, ($a2 \times b2$)
- Escribe una expresión para el cálculo del área total cuando dividimos el cuadrado inicial en 8 partes, ($N=8$):

- Observa que b_n se puede poner en función de a_n. Acuérdate, que b es la altura del rectángulo y a es la base. En este caso $f_n=a_n=b_n/8$. Escribe la expresión algebraica que obtienes:

- Ahora imagínate que dividimos el cuadrado inicial en muchas partes, muchísimas partes. Ya lo hiciste en la tabla de cálculo, y te diste cuenta que cuanto mayor es N, más nos aproximamos al número e. Y si te digo que N tiende a infinito, ¿sabrías cómo se escribe algebraicamente?

- Ahora sí que estamos acabando. Sólo nos queda una cosa. Hay que definir claramente *fn*. Yo sé que tú lo sabes, porque ²has hecho la tabla de cálculo. Si recuerdas del capítulo anterior, *fn* se obtiene sumando los dos términos anteriores. aunque dividiendo el último entre **N**. ¿Serás capaz de escribirlo en una expresión algebraica? Primero inténtalo con números, supón que **N=4** y escribe la sucesión que obtienes:

- Ahora escribe la sucesión con una expresión algebraica general. ¿Te parece difícil? Recuerda que, al igual que en la sucesión de Fibonacci, los dos primeros términos son 1.

- Entonces el **número e** lo podemos definir como...

$$e = 1 + \lim_{N \to \infty} \sum_{n=1}^{N} \frac{f_n^2}{N}$$

Siendo:

$f_0 = 1$

$f_1 = 1$

$f_n = f_{n-2} + f_{n-1}/N$

¿Y esta expresión?

$$e = \lim_{N \to \infty} f_n^2$$

¿Crees que es correcta? ¿La has comprobado?

LA INTEGRAL

¿Qué es una integral?

Un profesor me dijo un día, "una integral es una suma de cosas muy pequeñas, infinitamente pequeñas". Por tanto, es una suma infinita de cosas infinitamente pequeñas.

Cómo ya sabes, el área bajo una función, en un intervalo determinado, es la integral definida de esa función.

Se puede calcular esta área, mediante aproximaciones cada vez más precisas con rectángulos que cubren el área bajo la función. El límite de estas aproximaciones es la **integral de Riemann**.

Igual que en el apartado anterior, te recomiendo que investigues tú solo, todo esto.

Repasemos lo realizado hasta ahora:

- Hemos calculado el área del cuadrado en un crecimiento gnomónico en espiral. Hemos visto que llegamos a un cuadrado, cuyo lado, se aproxima a $\sqrt{e}$

- Hemos realizado una nueva sucesión y la hemos llamado sucesión de $\sqrt{e}$.

- Hemos visto que, para un número N de pasos determinado, los términos de la sucesión, y los lados del cuadrado en el crecimiento gnomónico, coinciden, es decir, $a_n = f_n$.

- Hemos comprobado que, el último término de la sucesión, cuando N tiende a infinito, es $\sqrt{e}$

- Finalmente hemos obtenido la expresión:

$$e = 1 + \lim_{N \to \infty} \sum_{n=1}^{N} \frac{f_n^2}{N}$$

Siendo:
$$f_0 = 1$$
$$f_1 = 1$$
$$f_n = f_{n-2} + f_{n-1}/N$$

¿Crees que podemos transformar esta expresión en una integral?

¡Intentémoslo!

La **Suma de Riemann** es un tipo de aproximación del valor de una integral mediante una suma finita. La podemos expresar de la siguiente forma:

$$\int_a^b f(x)\, dx = \lim_{n \to \infty} \frac{b-a}{n} \sum_{k=1}^{n} f\left(a + k\,\frac{b-a}{n}\right)$$

Como ves, Riemann relaciona la integral definida, con una sumatoria de áreas de rectángulos. La base de todos los rectángulos es constante, **(b−a)/n**, y la altura es variable, **f(x)**.

Si te fijas, nosotros también hemos calculado el área del cuadrado de expansión gnomónica, mediante una suma de rectángulos.

Transformemos nuestra sumatoria para que se asemeje a la suma de Riemann:

$$e = 1 + \lim_{N\to\infty} \sum_{n=1}^{N} \frac{f_n^2}{N}$$

$$e - 1 = \lim_{N\to\infty} \frac{1}{N} \sum_{n=1}^{N} f_n^2$$

$$e - 1 = \lim_{N\to\infty} \frac{1-0}{N} \sum_{n=1}^{N} f_n^2$$

Ahora, que se parece bastante, vamos a intentar obtener una función **f(x)** que exprese nuestra sucesión **f_n**. Observa que, en nuestras ecuaciones, k es n y n es N:

$$e - 1 = \int_0^1 f(x)^2 \, dx = \lim_{N\to\infty} \frac{1-0}{N} \sum_{n=1}^{N} f(x)^2$$

Donde:

$$x = \left(a + n\frac{b-a}{N}\right) = \left(0 + n\frac{1-0}{N}\right) = \frac{n}{N}$$

Ahora te toca a ti. ¿Sabrías decirme que función cumple esto?

$$e - 1 = \int_0^1 f(x)^2 \, dx$$

Muy bien:

$$f_n = f(x) = \sqrt{e}^x$$

Es decir:

$$e = 1 + \int_0^1 e^x \cdot dx$$

Por lo que concluimos que, el crecimiento gnomónico en espiral de un cuadrado, sigue la función exponencial:

$$f(x) = e^x$$

Donde, *f(x)* es el área del cuadrado y **x** es el paso dividido entre el número de pasos totales, x=n/N

Práctica 14:

Calcula la siguiente integral definida:

$$\int_0^1 \sqrt{e}^{x^2} dx$$

Práctica 15:

Usando la misma hoja de cálculo, comprueba que los valores de la sucesión f_n coinciden con los valores que toma la función:

$$f(x) = \sqrt{e}^x$$

Acuérdate que:

- **n** es cada paso
- **N** es el número de pasos totales
- Y que x=n/N

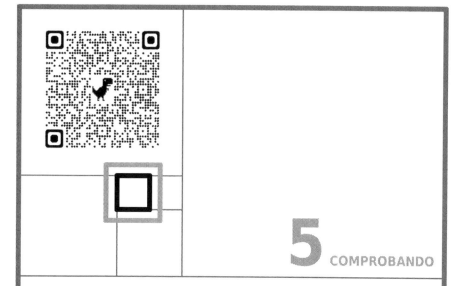

LIMITANDO EL CRECIMIENTO DE LA ESPIRAL DE FIBONACCI

**Cuando la variación de la función en un punto
es igual al valor de la función en ese punto**

Hemos visto que el crecimiento gnomónico en espiral de un cuadrado sigue la función exponencial, $f(x) = e^x$

En este capítulo veremos geométricamente que, limitar el crecimiento del cuadrado nos lleva a esta función, cuya derivada, es ella misma

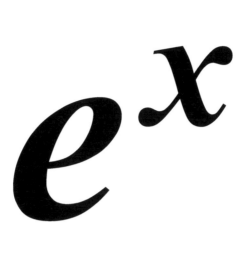

Hemos visto que el crecimiento gnomónico en espiral de un cuadrado sigue la función exponencial:

$$f(x) = e^x$$

Donde, *f(x)* es el área del cuadrado y **x** es el paso dividido entre el número de pasos totales, **x=n/N**.

Pero, ¿Estás completamente seguro?

Compruébalo realizando la siguiente práctica:

Práctica 16:

Usando la misma hoja de cálculo, comprueba que los valores del área del cuadrado, cuando crece de forma gnomónica, coinciden con los valores que toma la función $f(x) = e^x$

- Crea una tabla de tres columnas (x, A(x) y f(x)) y N filas. En principio hazlo para N=32 (o más)
- Añade la columna de las x, (x=n/N)
- Añade la columna de las áreas $A(x)$. Es decir, el área del cuadrado en función del paso n.
- Añade la columna, f(x) = e^x
- Dibuja las funciones A(x) y f(x) y comprueba la aproximación entre ellas

En tu documento de Google indica si los valores de la sucesión se aproximan a los valores que toma la función $f(x) = e^x$

Expresa adecuadamente en cada ejercicio el número de la práctica y la sesión a la que pertenece, en este caso sería **práctica 16 - sesión 10**. Inserta las capturas de pantallas que consideres necesarias.

LIMITANDO EL CRECIMIENTO DE LA ESPIRAL DE FIBONACCI

Es muy interesante ver que hemos llegado a la famosa función exponencial:

$$f(x) = e^x$$

Como ya sabes, la derivada de esta función es igual a sí misma:

$$f(x) = \frac{df(x)}{dx} = e^x$$

La derivada nos expresa, la tasa de variación instantánea, o la velocidad con la que crece la función en cada paso.

Curiosamente, la tasa de crecimiento de esta función en un punto, es igual al valor de la función en ese punto. Es una característica de esta función.

Pero estudiemos esta característica viendo el crecimiento gnomónico de nuestro cuadrado.

Aquí mostramos el crecimiento de un cuadrado con **N=4**:

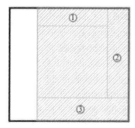 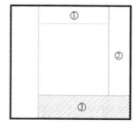

En el paso 3, el área del cuadrado es **A₃=2.0713**, que es el área rallada de la figura de la izquierda. El incremento del cuadrado en ese paso 3, es **ΔA₃=0.4307**, que es el área rallada de la figura de la derecha. Por último, el incremento del paso es **Δx=1/N=1/4**.

La tasa de variación en el paso 3 es:

$$TV_3 = \frac{\Delta A_3}{\Delta x} = \frac{0.4307}{0.25} = \mathbf{1.7227}$$

Este valor debería coincidir con el A_3=**2.0713**. Bueno…, eso sería si **N es infinito.**

Aumentemos el número de pasos y veamos qué sucede.

Para **N=8**:

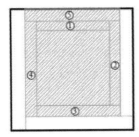 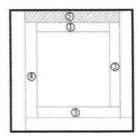

Estudiemos el paso **n=5**. El área A_5=**1.8576**, y el incremento del cuadrado en ese paso 5, es ΔA_5=**0.2109**. Ahora, el incremento del paso es Δx=**1/N=1/8**. Por lo que la tasa de variación en el paso 5 es:

$$TV_5 = \frac{\Delta A_5}{\Delta x} = \frac{0.2109}{0.125} = \mathbf{1.6876}$$

Ahora, nos aproximamos algo más:

$$TV_5 = \mathbf{1.6876} \approx \mathbf{1.8576} = A5$$

Aumentemos el número de pasos una vez más. Probemos con el incremento del área en el **paso 13** cuando **N** es **16**:

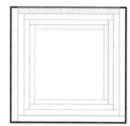

$$TV_{13} = 2.1512 \approx 2.2505 = A_{13}$$

Creo que está claro, **si aumentamos N, la función se aproxima a su derivada.**

Pero sigamos un poco más.

Sabemos que, para un **N** tendente a infinito, la función es igual a su derivada. Estudiémoslo en un paso determinado, en el paso **n.** De las expresiones anteriores se deduce directamente:

$$A_n = \frac{\Delta A_n}{\Delta x} = \frac{\Delta A_n}{1/N}$$

Esto nos lleva a la expresión:

$$\Delta A_n = \frac{A_n}{N}$$

Estarás de acuerdo que, para un **N** tendente a infinito $A_n \approx A_{n\text{-}1}$, por lo que:

$$\Delta A_n = \frac{A_{n-1}}{N}$$

Vamos a visualizar esta expresión usando el cuadrado para **N=4**:

En el desarrollo del cuadrado, el área A_{n-1} crece, mediante un ΔA_n. En la figura, ese elemento está limitado a la cuarta parte de A_{n-1}, aunque en general sería la enésima parte. De esta forma obtenemos la siguiente área A_n y seguiríamos el proceso durante N pasos.

Volvemos a ver similitudes con la espiral de Fibonacci.
En la espiral áurea se duplican los cuadrados en un crecimiento infinito, sin embargo, en el crecimiento $\sqrt{e}$, estos cuadrados, que también quieren duplicarse, **se ven limitados a su enésima parte.**

Es como si estuviera limitado el crecimiento de cada A_n a una parte de sí, a una enésima parte. Por lo tanto **1/N** es una constante del crecimiento en cada paso.

Planteemos una hipótesis:

Supongamos un número de seres vivos. Si estos crecen de forma que se limita su crecimiento a la enésima parte en cada paso, al cabo de **N** pasos, el número tenderá a ser **e** veces el número de seres vivos inicial. La función que expresa el crecimiento de estos seres es:

$$f(x) = e^x \qquad donde$$
$$x = n \cdot 1/N, \qquad siendo$$

n el número de cada paso y
1/N la tasa de crecimiento de estos seres

Pero, como veremos en el último capítulo, las hipótesis hay que verificarlas usando el método científico

Práctica 17:

Busca en internet un ejemplo para el que se aplique la función exponencial $f(x) = e^x$. Yo he encontrado estos 2:

- Se usa para calcular, de forma aproximada, el crecimiento de poblaciones:

$$P_t = P_0\, e^{kt}$$

  P_0 es la población inicial

  P_t es la población en el tiempo t

  e es el número de Euler

  k es una constante

- Hay métodos de datación, como el de **carbono 14**, que siguen una función exponencial, con un parámetro diferente para cada elemento radiactivo, pero similares en su estructura:

$$N = N_0 \cdot e^{-\lambda t}$$

Expresa adecuadamente en cada ejercicio el número de la práctica y la sesión a la que pertenece, en este caso sería **práctica 17 – sesión 10**. Inserta las capturas de pantallas que consideres necesarias.

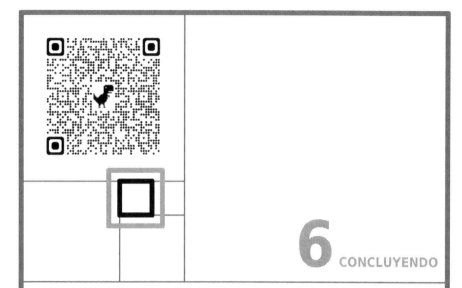

CONCLUSIONES DEL TRABAJO

Tras la verdad, a donde quiera que ella me lleve

En este capítulo, se presenta una definición del método científico y se exponen las conclusiones obtenidas. En la última práctica, se propone una hipótesis final para su análisis

$$\varphi \sim \sqrt{e}$$

Estamos finalizando nuestra investigación.

Mostremos ahora las conclusiones a las que hemos llegado.

¿Recuerdas la **hipótesis** con la que empezamos esta aventura? Dijimos:

> **El número $\sqrt{e}$ muestra similitudes con el número áureo φ**
> **¿será este número también generador de belleza?**

¿Tienes una respuesta?

Debes saber que *afirmaciones extraordinarias requieren evidencias extraordinarias*

Dejemos, por ahora, la pregunta en el aire y, hablemos primero del método científico

EL MÉTODO CIENTÍFICO

El **método científico**, que ha caracterizado históricamente a la ciencia, es una metodología para obtener nuevos conocimientos. Consiste en seguir una serie de pasos que permiten observar, medir, experimentar y formular hipótesis sobre la realidad. Algunos de los pasos del método científico son: observación, inducción, hipótesis, experimentación, análisis y conclusión. El método científico es riguroso, objetivo y progresivo, es decir, se basa en hechos comprobables y se puede mejorar con nuevos hallazgos.

El método científico lo podemos resumir en **3 pasos**:

1. Existe un **paradigma** previo, entendiendo paradigma como el conjunto de prácticas y saberes que definen una disciplina científica (teorías, métodos, instrumentos...).
2. La **experiencia en sí**, o el experimento.
3. La **revisión por pares** o colegas del mismo ámbito científico. Cualquier afirmación debe ser **falsable**, en el sentido de que, debe ser posible refutarla por medio de un contraejemplo. Si siendo posible, no es refutada, entonces es que, por el momento, es verdadera.

Práctica 18:

Pregunta abierta a toda la clase.

En nuestra investigación,
¿Cuáles son los pasos que hemos realizado?
¿Podemos decir que hemos utilizado el método científico?

NUESTRAS CONCLUSIONES

Siempre he pensado que las preguntas son más importantes que las respuestas. Las preguntas te hacen progresar, crecer en el conocimiento. Y las respuestas, a veces llegan y a veces tardan cientos de años en llegar. Las respuestas son certezas, verdades temporales, donde la humanidad se apoya, para avanzar en el conocimiento.

Y así caminamos, *tras la verdad, a donde quiera que ella nos lleve.*

Pero, retomemos nuestra pregunta inicial:

¿Qué relación existe entre el número $\sqrt{e}$ y el número áureo φ? ¿Será este número, $\sqrt{e}$, también generador de belleza?

¿Tú qué piensas?

Yo no tengo la respuesta aún, así que, seguiré con la duda.

Sin embargo, en nuestra investigación, hemos hallado otras afirmaciones que merecen ser expuestas, veámoslas:

- Al realizar el crecimiento gnomónico de un cuadrado, mediante áreas infinitesimales y siguiendo un desarrollo en espiral, se obtiene otro cuadrado de superficie el **número e**. Este desarrollo es comparable con el desarrollo gnomónico del rectángulo áureo.
- Se propone una nueva sucesión similar a la sucesión de Fibonacci. En esta sucesión, de N términos, cuando N tiende a infinito el último término tiende a $\sqrt{e}$.
- El crecimiento gnomónico del cuadrado tiene relación con la sucesión de N términos que acabamos de definir.

¿Están todas las conclusiones? ¿Añadirías alguna más?

¿Sabes lo que es una hipótesis?

Una hipótesis es una proposición o enunciado que se considera cierta de entrada, aunque aún no haya podido probarse, y que por lo tanto constituye una especulación o una conjetura de trabajo, carente de confirmación o refutación mediante la experiencia.

La hipótesis es un elemento esencial en el método científico, pues se parte de una hipótesis para, a través de la experimentación, comprobarla o refutarla.

Para realizar la última práctica, te propongo que estudies científicamente esta hipótesis:

Existen estructuras que, en un crecimiento gnomónico en espiral, no sólo mantienen la forma al aumentar el tamaño, si no que la proporción $\sqrt{e}$ aparece con relativa frecuencia

¿Será esto cierto?

¿Qué quiere decir relativa frecuencia?

Supongo que esa proporción se repite más veces que otras...

Veámoslo en la última práctica:

Práctica 19:

Analiza imágenes de la naturaleza donde aparezcan un crecimiento gnomónico (mantiene la forma, pero no el tamaño) y haz una tabla donde indiques las proporciones que encuentres

- Busca en internet una imagen (o más) de crecimiento gnomónico. Si no encuentras, usa imágenes de copos de nieve o cristales de sal.
- Haz una captura de pantalla y marca sobre la imagen las formas geométricas que encuentres (cuadrados, rectángulos, hexágonos...)
- Mide y calcula las proporciones con 2 decimales
- Ordena los datos en una tabla. Pon en columnas la proporción de menor a mayor, las frecuencias absolutas y las relativas

En tu documento de Google coloca la tabla e imágenes con las formas geométricas. Expresa adecuadamente en cada ejercicio el número de la práctica y la sesión a la que pertenece, en este caso sería **práctica 19-sesión 11**. Inserta capturas de pantallas

No sé cuál es el resultado de vuestra investigación, ¿hay alguna proporción que se repita más que otras? ¿es la proporción áurea? ¿es la proporción $\sqrt{e}$?

Si la proporción $\sqrt{e}$ aparece con más frecuencia que otras, se daría por verdadera esta hipótesis.

Quizás entonces, sí tendría sentido bautizar el **número $\sqrt{e}$, como número éureo.**

Ha llegado el momento de despedirnos. Ha sido un placer compartir este viaje contigo.

Y no te preocupes si no tienes la respuesta, las respuestas llegan solas. Sólo hay que aprender a caminar con la duda.

Así progresa el conocimiento humano y, tú participas de él.

Un conocimiento que avanza imparable,

en un camino ***ad infinitum***

Printed in Great Britain
by Amazon

30101584R00038